基本は7つのワンピース

シンプルパターンのきれいスタイル

香田あおい

5・7・9・11・13・15号の実物大パターン2枚つき

文化出版局

「こんなワンピースが作りたい！」そんな声をまとめた本にしてみた。
一枚あればさまになるから、みんなワンピースが大好き。

衿つきはヨーク切替えのシャツワンピースとウエスト脇からダーツを入れたクラシックワンピース。
前身頃にはギャザーを入れない大人のスモックワンピース。
ウエストで切り替えたジャンパースカートやワイドパンツを組み合わせたコンビネゾンもワンピースの仲間入り。

そのパターンを基本に、袖や着丈を変えて好みのブラウスやチュニックにも展開できるよう考えた。

香田あおい

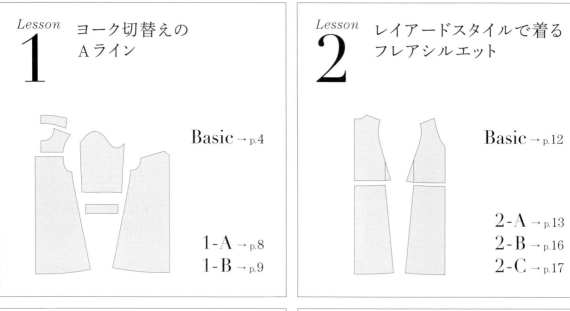

Lesson 1　ヨーク切替えのAライン
Basic → p.4
1-A → p.8
1-B → p.9

Lesson 2　レイアードスタイルで着るフレアシルエット
Basic → p.12
2-A → p.13
2-B → p.16
2-C → p.17

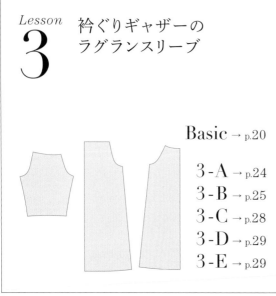

Lesson 3　衿ぐりギャザーのラグランスリーブ
Basic → p.20
3-A → p.24
3-B → p.25
3-C → p.28
3-D → p.29
3-E → p.29

Lesson 4　クラシカルなディテール
Basic → p.32
4-A → p.36
4-B → p.40

Lesson 5

深いVあきの身頃
+カジュアルなボトム3種

Basic → p.44

5-A → p.48
5-B → p.49

Lesson 6

ゆったり袖の
ラグランスリーブ

Basic → p.52

6-A → p.56
6-B → p.60

Lesson 7

3面構成の
立体的なフォルム

Basic → p.64

7-A → p.68
7-B → p.69

Lesson 1

ヨーク切替えのAライン

すっきり見えるAラインのシルエット。着丈、あきの変化、そして2種の袖パターン。
スポーティに、フェミニンにデザイン変化。

One-piece

1 - Basic

→ p.6

表づけファスナーできりっと見せる、
懐かしいコットンピケのワンピース。
窓にはめ込むようにつける
ファスナーつけのテクニックはぜひ覚えたい。

Lesson 1 - Basic p.5

[出来上り寸法]

5号　バスト113.4cm／袖丈50cm／着丈102.2cm
7号　バスト117.4cm／袖丈50.2cm／着丈102.4cm
9号　バスト121.4cm／袖丈50.5cm／着丈102.6cm
11号　バスト125.4cm／袖丈50.8cm／着丈102.8cm
13号　バスト129.4cm／袖丈51.1cm／着丈103cm
15号　バスト134.2cm／袖丈51.4cm／着丈103.2cm

[材料]

表布（コットンピケ）：112cm幅3.1m
接着芯：90cm幅30cm
ファスナー：20cm 1本
伸止めテープ：1.5cm幅30cm
ボタン：直径1.3cm 2個

[パターン]

◎Lesson 1 前　◎Lesson 1 後ろ　◎Lesson 1 ヨーク
◎Lesson 1 袖　◎Lesson 1 カフス　◎Lesson 1 衿

[準備]

・表衿、カフスに接着芯をはる。
・裏衿に伸止めテープをはる。
・袖下にジグザグミシンをかける。

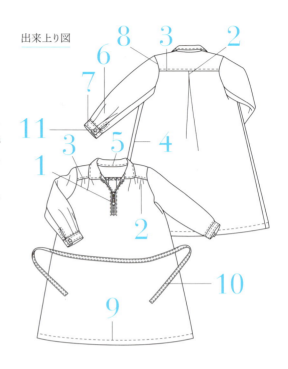

出来上り図

裁合せ図

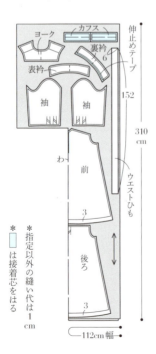

準備

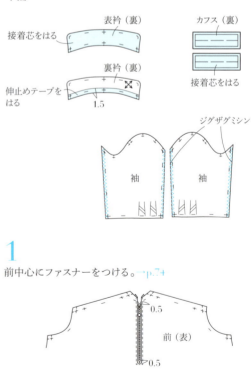

1

前中心にファスナーをつける。→p.7→

2
前身頃にギャザーを寄せ、後ろ身頃のタックをたたむ。

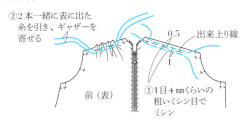

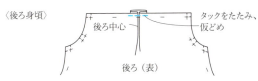

3
前後身頃とヨークを縫い合わせる。

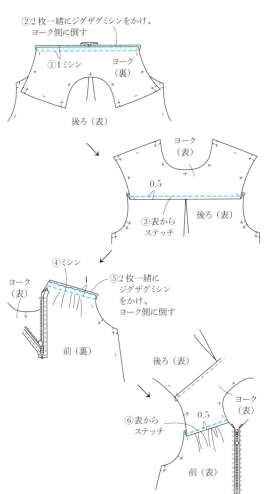

4
脇を縫う。

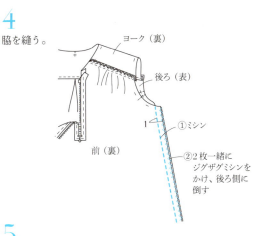

5
衿を作ってつける。→p.75

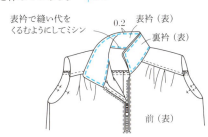

6
袖を作る。

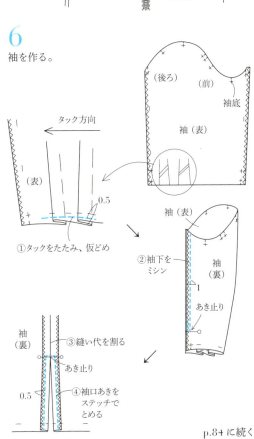

p.84に続く

Blouse

1-A
→ p.10

ゆるいカーブを描いて後ろの裾を
燕尾服のように長くしたブラウス。
細いスタンドカラーにボー結び、
フェミニンな要素が生きる、
透明感がある布地で。

One-piece

1-B
→ p.78

前中心はスラッシュあきにしてリボン結びに。衿ぐりはバイアス布で始末。
袖は山にギャザーを寄せる小さなバイアスのパターンに変えて。
ふわっと、つぼみのようなシルエットの袖。

1-A p.8

[出来上り寸法]

5号　バスト113.4cm／着丈78.5cm
7号　バスト117.4cm／着丈78.7cm
9号　バスト121.4cm／着丈78.9cm
11号　バスト125.4cm／着丈79.1cm
13号　バスト129.4cm／着丈79.3cm
15号　バスト134.2cm／着丈79.5cm

[材料]

表布(リヨセル)：112cm幅1.7m
接着芯：90cm幅30cm
市販のバイアステープ：両折れタイプ12.7mm幅1.2m

[パターン]

◎Lesson 1 前　◎Lesson 1 後ろ　◎Lesson 1 ヨーク
◎Lesson 1-A 衿　◎Lesson 1 前あき見返し
◎Lesson 1 結びひも

[準備]

・前あき見返しに接着芯をはり、
　周囲にジグザグミシンをかける。
・前後身頃脇にジグザグミシンをかける。
・表裏衿に接着芯をはる。

出来上り図

裁合せ図

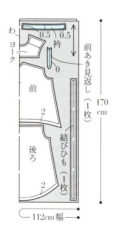

* □ は接着芯をはる
* 指定以外の縫い代は1cm

準備

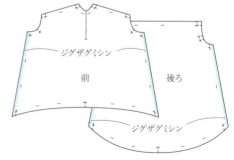

1-B→p.78、79

4
衿を作りつける。

①結びひもをアイロンで出来上りに折る

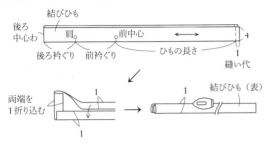

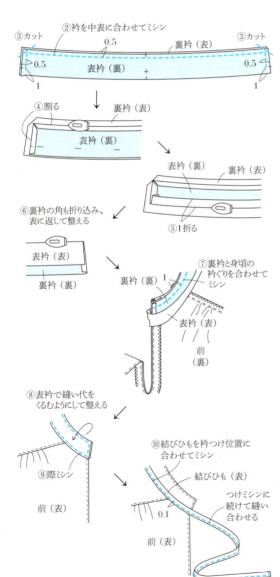

5
袖ぐりにバイアステープをつける。

○市販のバイアステープ

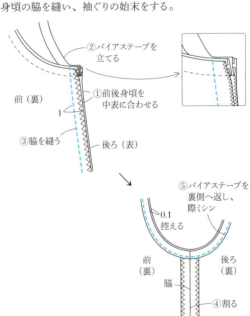

6
身頃の脇を縫い、袖ぐりの始末をする。

7
裾の始末をする。

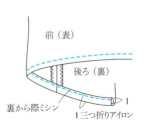

Lesson

2

レイアードスタイルで着るフレアシルエット

Vネックの、
フレアシルエットパターン。
ルースな袖ぐりでジャンパースカート風、
レイアードの着こなしも楽しめます。
着丈の変化でチュニックに、
脇を重ねることで
ストレートシルエットにも。

Jumperdress

2 - Basic

→ p.14

フレアシルエットの
脇線を重ねただけ。
カシュクールドレスのような
雰囲気の身頃には、
セミタイトシルエットのスカートを。
ヘリングボーンの
マニッシュなリネン。

Gilet

2-A

→ p.80
パターンの前中心を切り離し、
打合せのないロングジレに。
フレアシルエットが軽やかな
春のアイテム。
レーヨンが入ったリネンで
ウォッシャー加工。

Lesson 2 - Basic p.12

[出来上り寸法]

5号　バスト86cm／着丈111.8cm
7号　バスト90cm／着丈112cm
9号　バスト94cm／着丈112.2cm
11号　バスト98cm／着丈112.4cm
13号　バスト102cm／着丈112.6cm
15号　バスト106.8cm／着丈112.8cm

[材料]

表布（リネンヘリングボーン）：150cm幅1.6m
（110cm幅の場合は2.5m）
接着芯：90cm幅30cm

[パターン]

◎Lesson 2 前　◎Lesson 2 後ろ　◎Lesson 2 前スカート
◎Lesson 2 後ろスカート　◎Lesson 2 前見返し
◎Lesson 2 後ろ見返し

[準備]

・前後見返しに接着芯をはる。
・前後の肩、スカートの脇にジグザグミシンをかける。

出来上り図

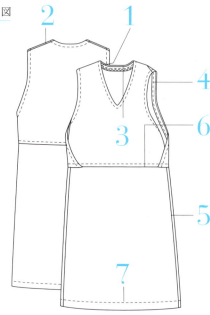

準備

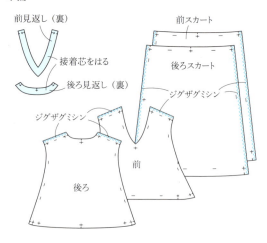

裁合せ図

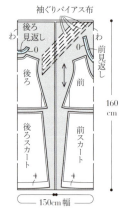

＊☐は接着芯をはる
＊指定以外の縫い代は1cm

1

見返しの肩を縫う。

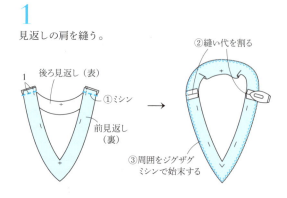

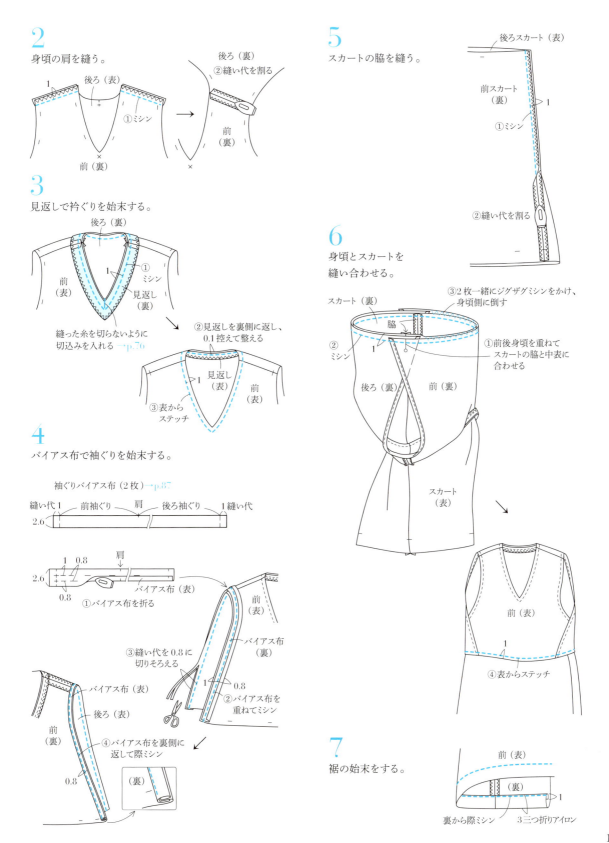

Tunic

2-B
→ p.18

この季節にぴったりな、マスタードイエローのコットンリネンで。
Ｖネックの歯切れのよさが、シンプルなデザインを際立たせて。

Tunic

2-C
→ p.19

上質なコットンレースで、
2-Bと全く同じパターン使い、
素材違いの作品を。
真っ白で繊細な素材は、
アクセサリーのように、
コーディネートの引立て役。

2-B p.16

[出来上り寸法]

5号　バスト86cm／着丈87.6cm
7号　バスト88.4cm／着丈87.8cm
9号　バスト90.8cm／着丈88cm
11号　バスト93.2cm／着丈88.2cm
13号　バスト95.6cm／着丈88.4cm
15号　バスト99cm／着丈88.6cm

[材料]

表布（コットンリネン）：150cm幅1.5m
（110cm幅の場合は1.9m）
接着芯：90cm幅30cm
市販のバイアステープ：両折れタイプ12.7mm幅2m

[パターン]

◎Lesson 2 前　◎Lesson 2 後ろ　◎Lesson 2 前見返し
◎Lesson 2 後ろ見返し

[準備]

・前後見返しに接着芯をはる。
・前後の肩と脇にジグザグミシンをかける。

出来上り図

準備

裁合せ図

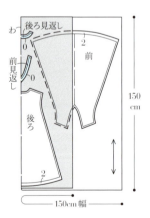

＊ □ は接着芯をはる
＊指定以外の縫い代は1cm

1 2 3 2-Basic→p.14、15

4 5 2-A→p.84

6 裾の始末をする。

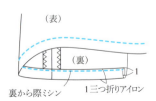

2-C p.17

[出来上り寸法]

5号　バスト86cm／着丈87.6cm
7号　バスト88.4cm／着丈87.8cm
9号　バスト90.8cm／着丈88cm
11号　バスト93.2cm／着丈88.2cm
13号　バスト95.6cm／着丈88.4cm
15号　バスト99cm／着丈88.6cm

[材料]

表布（コットンレース）：105cm幅2.1m
接着芯：90cm幅30cm
市販のバイアステープ：両折れタイプ12.7mm幅2m

[パターン]

◎Lesson 2 前　◎Lesson 2 後ろ　◎Lesson 2 前見返し
◎Lesson 2 後ろ見返し

[準備] →p.18

・前後見返しに接着芯をはる。
・前後の肩と脇にジグザグミシンをかける。

出来上り図

裁合せ図

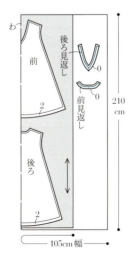

*は接着芯をはる
*指定以外の縫い代は1cm

1 2 3 2-Basic→p.14、15

4 袖ぐりにバイアステープをつける。

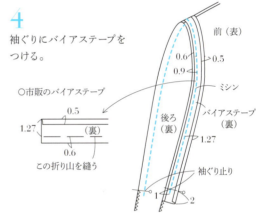

5 脇を縫い、袖ぐりの始末をする。

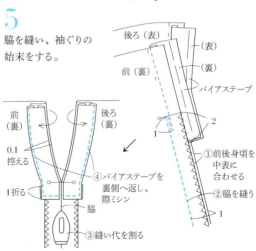

6 2-B→p.18

19

Lesson 3
衿ぐりギャザーのラグランスリーブ

ゴムテープを通すだけでできる、ギャザーが寄ったラグランスリーブ。
丈を変える、ギャザーをプラスする……究極は身頃パターンだけ使ったキャミソール。

One-piece

3 - Basic
→ p.22

後ろ身頃と肩にギャザーを寄せたワンピース。
存在感があるギャザーは
広めのゴムテープを通して作ります。
どっしりした肉厚のリネンで。

Lesson 3 - Basic p.20

[出来上り寸法]

5号　バスト97cm／袖丈45cm／着丈95.2cm
7号　バスト101cm／袖丈45cm／着丈95.2cm
9号　バスト105cm／袖丈45cm／着丈95.2cm
11号　バスト109cm／袖丈45cm／着丈95.2cm
13号　バスト113cm／袖丈45cm／着丈95.2cm
15号　バスト117.8cm／袖丈45cm／着丈95.2cm

[材料]

表布（リネン）：150cm幅2.2m
（110cm幅の場合は2.7m）
ゴムテープ：1.5cm幅適宜

[パターン]

◎Lesson3前　◎Lesson3後ろ　◎Lesson3袖

出来上り図

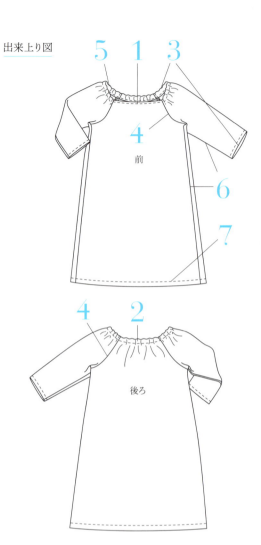

裁合せ図

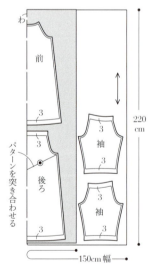

＊指定以外の縫い代は1cm

1

前衿ぐりの始末をする。

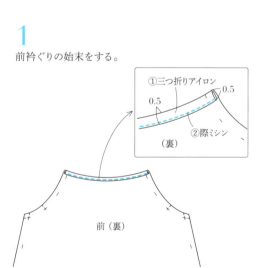

2
後ろ衿ぐりにゴムテープを通す。

ゴムテープの長さ
(出来上り寸法)
5号　17.5cm
7号　19.5cm
9号　21cm
11号　22.5cm
13号　24cm
15号　26cm

3
袖口と肩口に三つ折りアイロンをかけておく。

4
前後身頃と袖を縫い合わせる。

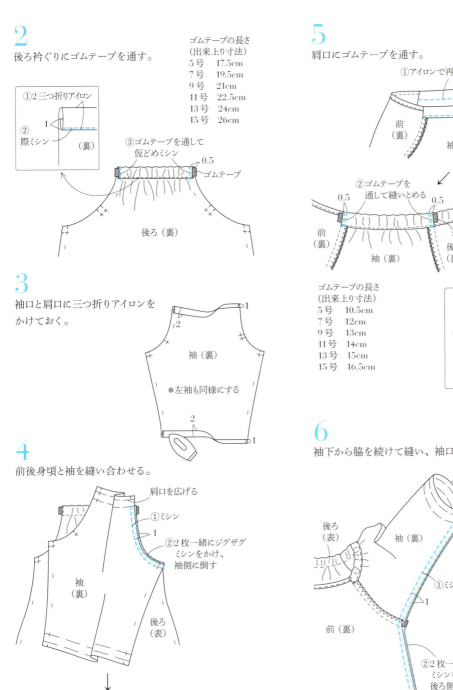

5
肩口にゴムテープを通す。

ゴムテープの長さ
(出来上り寸法)
5号　10.5cm
7号　12cm
9号　13cm
11号　14cm
13号　15cm
15号　16.5cm

6
袖下から脇を続けて縫い、袖口の始末をする。

7
裾の始末をする。

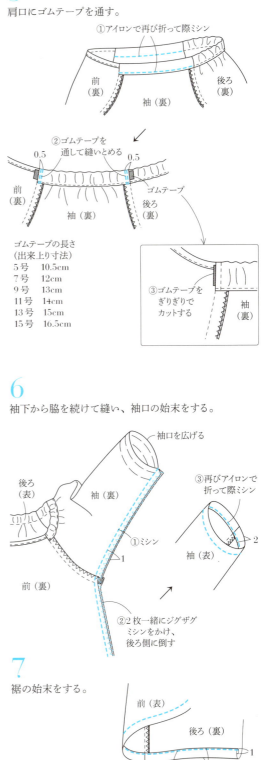

3-A

→ p.26

ワンピース丈からブラウス丈に。
袖丈を短くし、
袖口にゴムテープを通せば、
印象の全く違うパフスリーブに。
優しいばらが描かれた
コットンプリント。

Blouse

3-B

→ p.27

3-D、3-Eと同じ、丈の短いパターンで。
ブラウスの裾にもゴムテープを入れ
ギャザーを寄せたらもっとフェミニンなブラウスに。
シルクのような光沢のコットンで。

Blouse

3-A p.24

[出来上り寸法]

5号　バスト97cm／袖丈26cm／着丈60.5cm
7号　バスト101cm／袖丈26cm／着丈60.5cm
9号　バスト105cm／袖丈26cm／着丈60.5cm
11号　バスト109cm／袖丈26cm／着丈60.5cm
13号　バスト113cm／袖丈26cm／着丈60.5cm
15号　バスト117.8cm／袖丈26cm／着丈60.5cm

[材料]

表布（キャベジズアンドローゼズ　コットン）
　：137cm幅1.7m
（110cm幅の場合は1.8m）
ゴムテープ：1.5cm幅、3cm幅 適宜

[パターン]

◎Lesson3前　◎Lesson3後ろ　◎Lesson3袖

出来上り図

裁合せ図

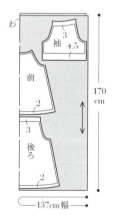

＊指定以外の縫い代は1cm

1 2 3　3-Basic→p.22、23

袖口と肩口に三つ折りアイロンをかけ、袖口にゴムテープを通す。

ゴムテープの長さ
（出来上り寸法）
5号　25.5cm
7号　27cm
9号　28cm
11号　29cm
13号　30cm
15号　31cm

4 5 6　3-Basic→p.23

袖下から脇を続けて縫う。

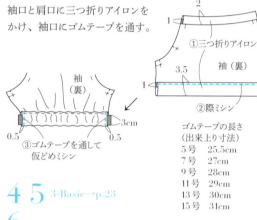

7

裾の始末をする。

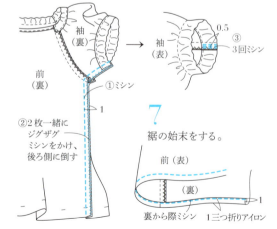

3-B p.25

[出来上り寸法]

5号　バスト97cm／袖丈26cm／着丈45.4cm
7号　バスト101cm／袖丈26cm／着丈45.4cm
9号　バスト105cm／袖丈26cm／着丈45.4cm
11号　バスト109cm／袖丈26cm／着丈45.4cm
13号　バスト113cm／袖丈26cm／着丈45.4cm
15号　バスト117.8cm／袖丈26cm／着丈45.4cm

[材料]

表布(リバティプリント)：112cm幅1.6m
ゴムテープ：1.5cm幅、3cm幅、1.2cm幅適宜

[パターン]

◎Lesson 3 前　◎Lesson 3 後ろ　◎Lesson 3 袖

出来上り図

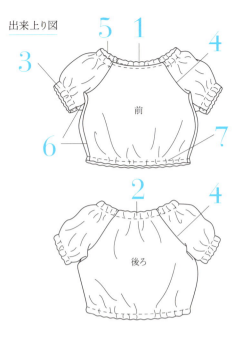

1 2　3-Basic→p.22、23

3　3-A→p.26

4 5　3-Basic→p.23

6　3-A→p.26

7　裾の始末をする。

裁合せ図

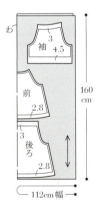

*指定以外の縫い代は1cm

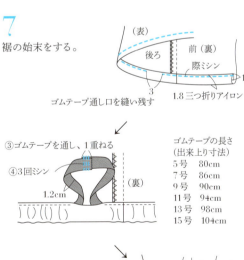

ゴムテープの長さ
(出来上り寸法)
5号　80cm
7号　86cm
9号　90cm
11号　94cm
13号　98cm
15号　104cm

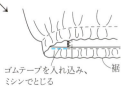

3-C

→ p.30

袖のパターンは使わずに、
身頃に肩ひもをつけたキャミソール。
インナーに使うような肩ひものジョイントで、
華奢な雰囲気を。
これはひもを長めにして
エプロンドレスのように。
リネンの、素朴なフラワープリントで。

One-piece

3-D

→ p.77

丈の短いキャミソールは、
重ね着に便利。
3-Dは後ろからのひもを
前のループに通して首の後ろで、
3-Eは前後のひもを肩でリボン結びに。
3-Dはごく薄手のリネン、
3-Eはリネンのワッフル織り。

Camisole

3-E

→ p.77

3-C p.28

[出来上り寸法]

5号　バスト97cm／着丈95.2cm
7号　バスト101cm／着丈95.2cm
9号　バスト105cm／着丈95.2cm
11号　バスト109cm／着丈95.2cm
13号　バスト113cm／着丈95.2cm
15号　バスト117.8cm／着丈95.2cm

[材料]

表布（リネンビスコース混紡）：140cm幅2.2m
（110cm幅の場合も2.2m）
ゴムテープ：1.5cm幅 適宜
エイトカン：10mm2個
丸カン：10mm2個
グログランリボン：1cm幅1m

[パターン]

◎Lesson 3前　◎Lesson 3後ろ

[準備]

・グログランリボンにエイトカンと丸カンをセットする。

出来上り図

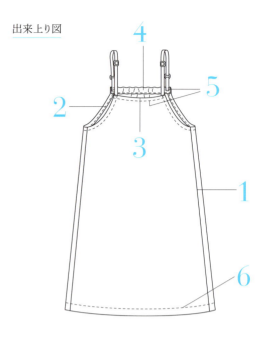

裁合せ図

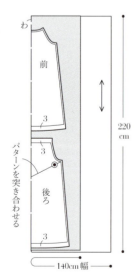

*指定以外の縫い代は1cm

準備

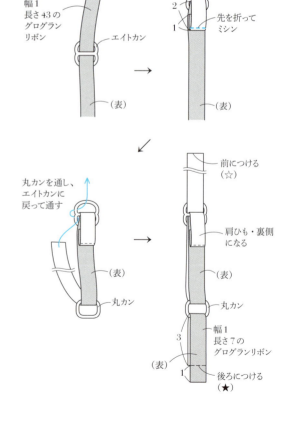

1
脇を縫う。

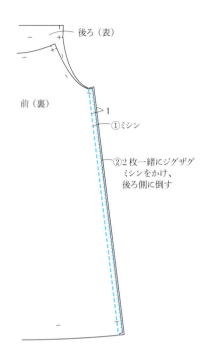

2
袖ぐりの始末をする。

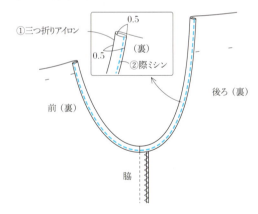

3
前衿ぐりに三つ折りアイロンをかけておく。

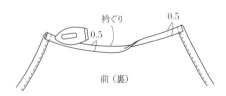

4
後ろ衿ぐりにゴムテープを通す。

ゴムテープの長さ
(出来上り寸法)
5号　17.5cm
7号　19.5cm
9号　21cm
11号　22.5cm
13号　24cm
15号　26cm

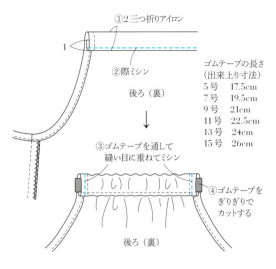

5
前後身頃に肩ひもをつける。

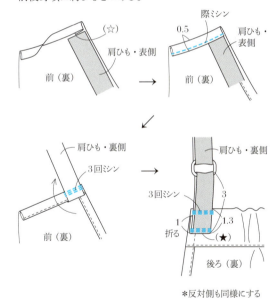

＊反対側も同様にする

6
裾の始末をする。

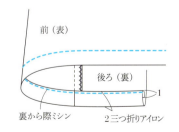

Lesson

4

クラシカルなディテール

詰まった衿もと、少し高めのウエストライン。前あきに並んだボタン。
胸ダーツで作るシルエットもクラシカル。それが相まって新鮮な雰囲気に。

4 - Basic

One-piece

→ p.34

丸みのついた小さなシャツカラー。
肩先をおおうフレンチスリーブ。
さり気なくウエストを
マークしたシルエット。
季節感いっぱいの白いリネンも
クラシカルな素材。

Lesson 4 - Basic p.32

[出来上り寸法]

5号　バスト92.6cm／着丈109cm
7号　バスト96.2cm／着丈109.2cm
9号　バスト100cm／着丈109.4cm
11号　バスト103.6cm／着丈109.6cm
13号　バスト107cm／着丈109.8cm
15号　バスト112cm／着丈110cm

[材料]

表布（リネン）：150cm幅2.2m
（110cm幅の場合は2.9m）
接着芯：90cm幅90cm
伸止めテープ：1.5cm幅50cm
ボタン：直径13mm10個
スナップ：直径6mm1組み

[パターン]

◎ Lesson 4 前　◎ Lesson 4 後ろ　◎ Lesson 4 前スカート
◎ Lesson 4 後ろスカート　◎ Lesson 4 袖ぐり見返し
◎ Lesson 4 衿

[準備]

・表衿に接着芯をはり、裏衿に伸止めテープをはる。
・袖ぐり見返しと前見返しに接着芯をはり、ジグザグミシンをかける。
・前後身頃の肩と脇、スカートの脇にジグザグミシンをかける。

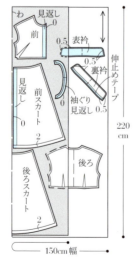

裁合せ図

＊ □は接着芯をはる
＊指定以外の縫い代は1cm

出来上り図

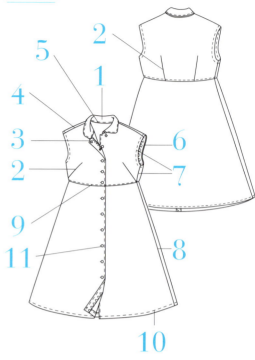

準備

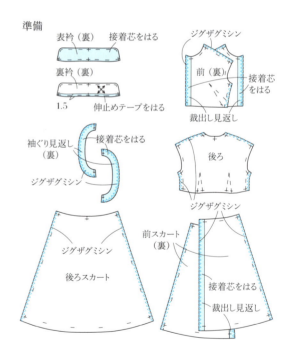

1

衿を作る。→p.75

2
前後のダーツを縫う。

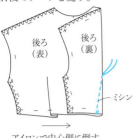
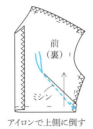

9
身頃とスカートを縫い合わせる。

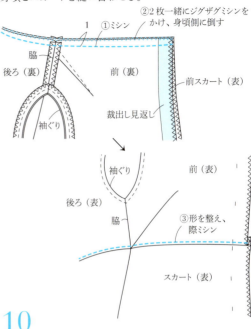

3
前端の衿つけ部分を縫う。

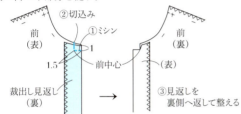

4
身頃の肩を縫う。

5
衿をつける。→p.75

6
袖ぐりに見返しをつける。+-B→p.43

7
身頃の脇を縫い、袖ぐりの始末をする。+-B→p.43

10
裾の始末をする。

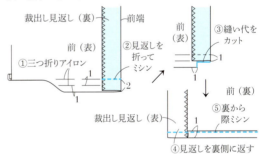

8
スカートの脇を縫う。

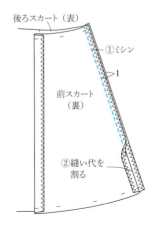

11
ボタンホールをあけボタンをつける。

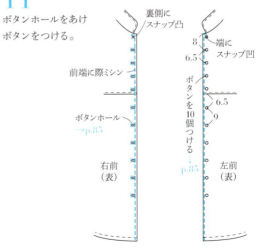

4-A

→ p.38

何年たっても古くならない
永遠のコットンプリントも、
クラシカルな雰囲気を演出。
開衿シャツのような衿もとや
長めのスカート丈、
ギャザーを寄せたスカートに。

One-piece

4-A p.36

[出来上り寸法]

5号　バスト92.6cm／着丈114cm
7号　バスト96.2cm／着丈114.2cm
9号　バスト100cm／着丈114.4cm
11号　バスト103.6cm／着丈114.6cm
13号　バスト107cm／着丈114.8cm
15号　バスト112cm／着丈115cm

[材料]

表布(リバティプリント)：112cm幅3.4m
接着芯：90cm幅90cm
ボタン：直径13mm6個

[パターン]

◎Lesson 4前　◎Lesson 4後ろ　◎Lesson 4前スカート
◎Lesson 4後ろスカート　◎Lesson 4袖ぐり見返し
◎Lesson 4衿　◎Lesson 4後ろ衿ぐり見返し

[準備]

・表裏衿に接着芯をはる。
・袖ぐり見返しに接着芯を
　はり、ジグザグミシンをかける。
・前後見返しに接着芯をはり、
　前スカートのみ
　ジグザグミシンをかける。
・前後身頃の肩と脇、
　スカートの脇に
　ジグザグミシンをかける。

裁合せ図

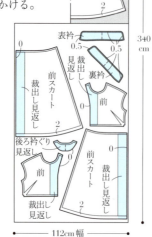

出来上り図

準備

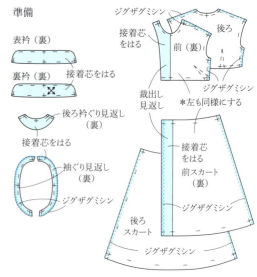

*左も同様にする

1
衿を作る。

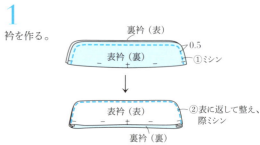

2
4-Basic→p.35

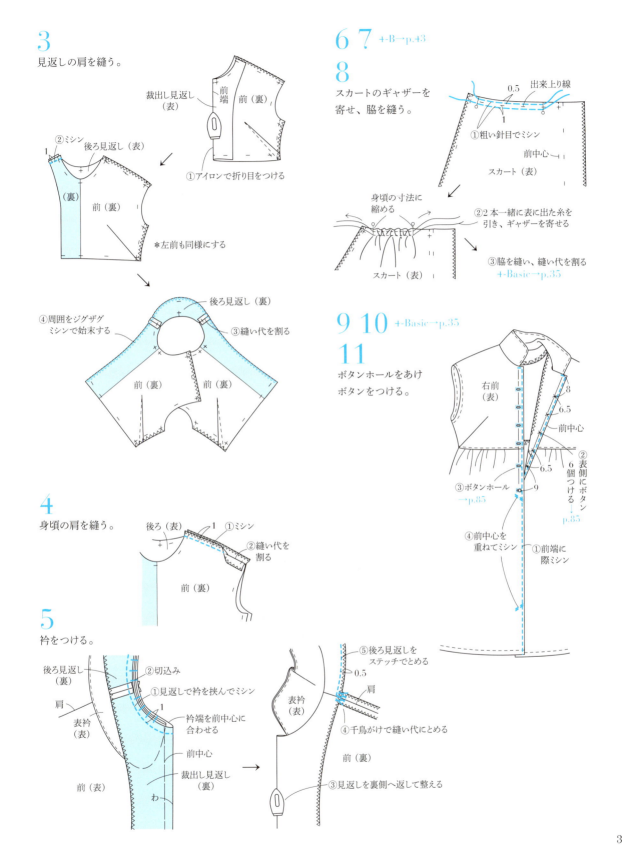

Blouse

4-B

→ p.42

4-Aのスカートパターンを
ペプラムの丈でカット。
クラシカルなボーカラー。
ここではひと結びしただけですが、
リボン結びもOKな長さで。

4-B p.40

[出来上り寸法]

5号　バスト92.6cm／着丈52cm
7号　バスト96.2cm／着丈52.2cm
9号　バスト100cm／着丈52.4cm
11号　バスト103.6cm／着丈52.6cm
13号　バスト107cm／着丈52.8cm
15号　バスト112cm／着丈54cm

[材料]

表布（コットン）：112cm幅1.7m
接着芯：90cm幅50cm
ボタン：直径13mm4個
スナップ：直径6mm1組み

[パターン]

◎Lesson 4 前　◎Lesson 4 後ろ　◎Lesson 4 袖ぐり見返し
◎Lesson 4 後ろ衿ぐり見返し　◎Lesson 4 ボー
◎Lesson 4 前ペプラム　◎Lesson 4 後ろペプラム

[準備]

・袖ぐり見返しに接着芯をはり、ジグザグミシンをかける。
・前後見返しに接着芯をはる。
・前後身頃の肩と脇、ペプラムの脇にジグザグミシンをかける。

裁合せ図

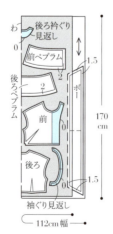

＊□は接着芯をはる
＊指定以外の縫い代は1cm

出来上り図

準備

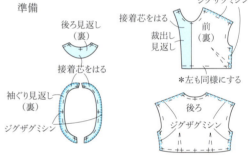

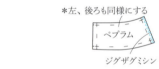

1

ボーを作る。

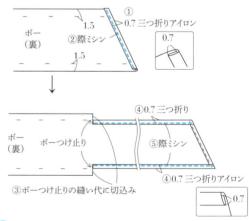

2 +Basic→p.35

3　4 +A→p.39

5
ボーをつける。

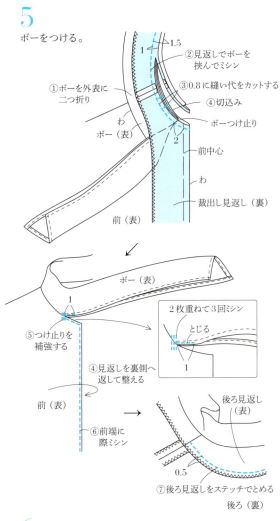

6
袖ぐりに見返しをつける。

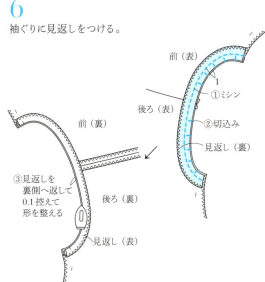

7
身頃の脇を縫い、袖ぐりの始末をする。

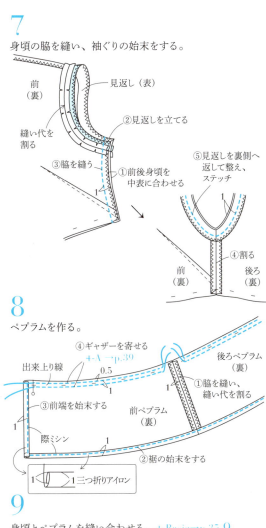

8
ペプラムを作る。

9
身頃とペプラムを縫い合わせる。+-Basic→p.35 9

10
ボタンホールをあけボタンをつける。

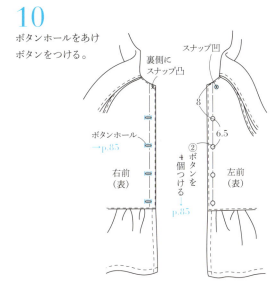

Lesson 5

深いVあきの身頃+カジュアルなボトム3種

ウエストがルースなコンビネゾンのパターン、パンツ部分をスカートに、身頃を延長してエプロンドレスに。全くイメージの違う3つのデザイン。

5 - Basic

→ p.46
ワイドなパンツのコンビネゾンは
ごつっとしたデニム。
張りのある布地で仕立てると
立体的なフォルムがつくりやすい。
あきなしでも着られる位置まで
前後身頃ともVあきを鋭角に脇を深く。

Combinaison

Lesson 5 - Basic p.44

[出来上り寸法]

5号　ウエスト85.2cm／着丈126.5cm
7号　ウエスト89.2cm／着丈126.7cm
9号　ウエスト93.2cm／着丈126.9cm
11号　ウエスト97.2cm／着丈127.1cm
13号　ウエスト101.2cm／着丈127.3cm
15号　ウエスト106cm／着丈127.5cm

[材料]

表布（コットンデニム）：150cm幅2.5m
（110cm幅の場合は3m）
接着芯：90cm幅70cm

[パターン]

◎Lesson 5 前　◎Lesson 5 後ろ　◎Lesson 5 前パンツ
◎Lesson 5 後ろパンツ　◎Lesson 5 前衿ぐり見返し
◎Lesson 5 後ろ衿ぐり見返し　◎Lesson 5 袖ぐり見返し

[準備]

・前後衿ぐり見返しと袖ぐり見返しに接着芯をはり、
　袖ぐり見返しはジグザグミシンをかける。
・前後身頃の肩と脇にジグザグミシンをかける。
・前後パンツの股上、股下、脇にジグザグミシンをかける。

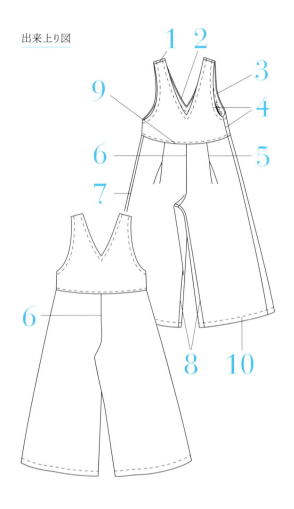

出来上り図

裁合せ図

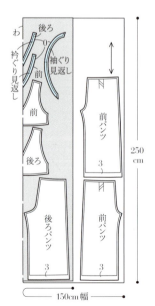

＊ は接着芯をはる
＊指定以外の縫い代は1cm

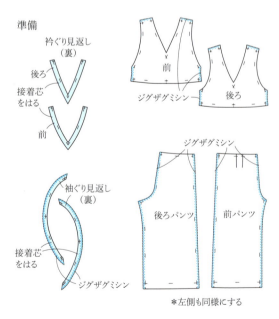

準備

＊左側も同様にする

1

身頃と衿ぐり見返しの肩をそれぞれ縫う。

①ミシン
後ろ（表）
→②縫い代を割る
前（裏）

③ミシン
前見返し（裏）
1
後ろ見返し（表）
⑤周囲をジグザグミシンで始末する
見返し（裏）
④縫い代を割る

2

衿ぐりを見返しで始末する。

後ろ（表）
①ミシン
見返し（裏）
1
②切込み →p.76
前（表）

③見返しを裏側へ返し形を整える

後ろ（裏）
1
④表からステッチ
前（裏）

3

袖ぐりに見返しをつける。

前（表）
①ミシン
袖ぐり見返し（裏）
②切込み
1
後ろ（表）

見返し（表）
③見返しを裏側へ返し形を整える
前（裏）
後ろ（裏）

4

脇を縫い、袖ぐりの始末をする。

後ろ（表）
見返し（表）
見返し（裏）
前（裏）
①前後を中表に合わせて見返しを立てる
②脇を縫い、縫い代を割る
1

③見返しを再び裏側へ返して表からステッチ
1
前（表）

p.86 に続く

Jumperdress

5-A

→ p.50

抑えた発色が大人に似合う、リネンの赤で。
ジーンズの雰囲気を出したくて
後ろ中心に切替えを入れ、
スカートは足さばきを妨げない台形に。
両脇ポケットもつけて、パキッと仕立てたい。

Jumperdress

5-B

→ p.82

身頃のパターンを延長して
エプロンドレスに。
脇にはさみ込んだ細いひもを
自由に結んで着こなして。
単色づかいのリバティプリントで。

5-A p.48

[出来上り寸法]

5号　ウエスト85.2cm／着丈109.5cm
7号　ウエスト89.2cm／着丈109.7cm
9号　ウエスト93.2cm／着丈109.9cm
11号　ウエスト97.2cm／着丈110.1cm
13号　ウエスト101.2cm／着丈110.3cm
15号　ウエスト106cm／着丈110.5cm

[材料]

表布（リネン）：150cm幅2.2m
（110cm幅の場合は2.7m）
接着芯：90cm幅70cm
伸止めテープ：2cm幅50cm

[パターン]

◎Lesson5前　◎Lesson5後ろ　◎Lesson5前スカート
◎Lesson5後ろスカート　◎Lesson5袖ぐり見返し
◎Lesson5前衿ぐり見返し　◎Lesson5後ろ衿ぐり見返し
◎Lesson5袋布　◎Lesson5脇布

[準備]

・前後衿ぐり見返しと袖ぐり見返しに接着芯をはり、袖ぐり見返しにジグザグミシンをかける。
・前後の肩と脇と後ろ中心、前後スカートの中心と後ろ脇にジグザグミシンをかける。
・袋布に伸止めテープをはる。

裁合せ図

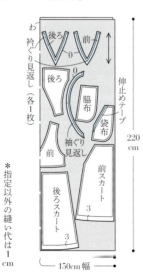

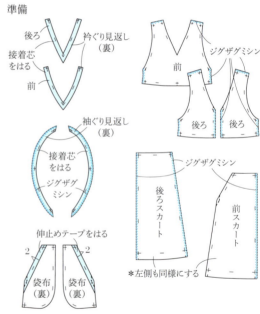

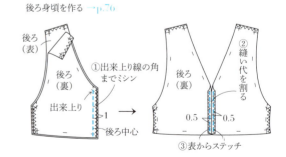

1 2 3 4 5-Basic→p.47

5
前スカートにポケットをつける。

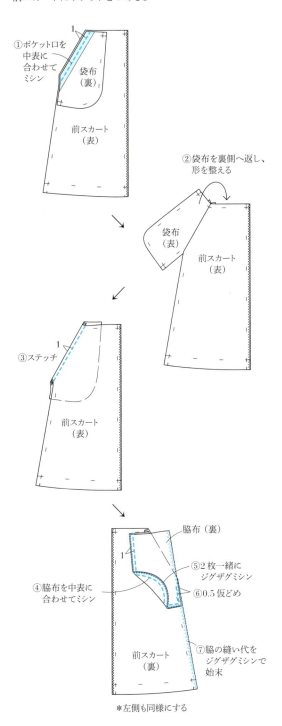

6
スカートの前後中心をそれぞれ縫う。

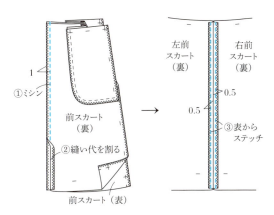

＊後ろスカートも同様にする

7
スカートの脇を縫う。

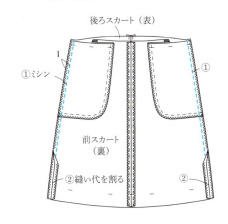

8
スカートと身頃を縫い合わせる。5-Basic→p.86

9
裾の始末をする。

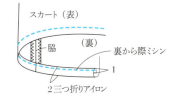

Lesson 6

ゆったり袖のラグランスリーブ

脇から袖口までゆったりした分量が新鮮なラグランスリーブのワンピース。
ディテールにこだわった、アイディアが楽しい応用デザイン。

One-piece

6 - Basic

→ p.54

ゆとりを着こなす、
大きなフォルムのワンピース。
後ろのスラッシュあきだけが
デザインポイントの
シンプルデザイン。
ざくざくと織られた絵画のような
リネンプリント。

Lesson 6 - Basic p.52

［出来上り寸法］
5号　バスト95.2cm／袖丈55.5cm／着丈99.8cm
7号　バスト99.2cm／袖丈56cm／着丈100cm
9号　バスト103.4cm／袖丈56.5cm／着丈100.1cm
11号　バスト107.2cm／袖丈57cm／着丈100.3cm
13号　バスト111.2cm／袖丈57.6cm／着丈100.4cm
15号　バスト111.6cm／袖丈59.3cm／着丈100.6cm
※袖丈は、ここではネックポイントから袖口までの長さです。

［材料］
表布（リネン）：144cm幅2.3m
（布幅140cmより小さい布幅の場合は、
パターンの6-Bはぎ位置ではいでください）
接着芯：90cm幅20cm
ボタン：直径13mm1個
市販のループ：1cm1個

［パターン］
◎Lesson6前　◎Lesson6後ろ　◎Lesson6前衿ぐり見返し
◎Lesson6-Basic後ろ衿ぐり見返し

［準備］
・前後衿ぐり見返しに接着芯をはる。
・前後の肩と脇にジグザグミシンをかける。

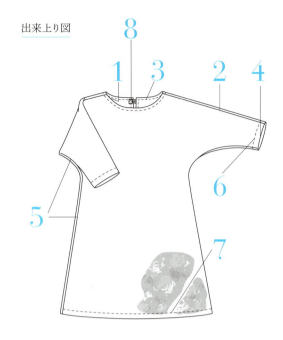

出来上り図

準備

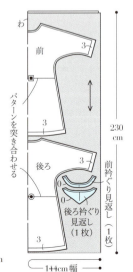

裁合せ図

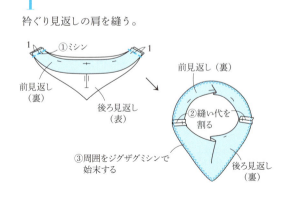

1
衿ぐり見返しの肩を縫う。

2
身頃の肩を縫う。

3
見返しで衿ぐりの始末をする。

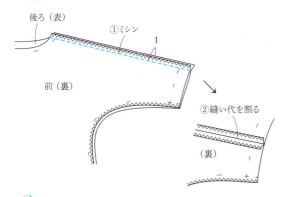
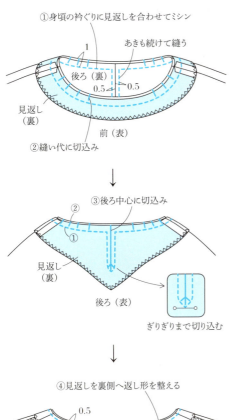

4
袖口に三つ折りアイロンをかける。

5
袖下から脇を縫う。

6
袖口の始末をする。

7
裾の始末をする。

8
後ろあきにループとボタンをつける。

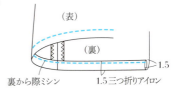
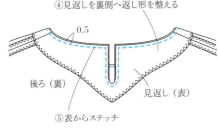

55

6-A

→ p.58

共布のコサージュみたいに、
スラッシュあきの見返しを
表に出したデザイン。
大小の見返しを2枚重ねることで、
さらに華やかに。
あき止りに、花心のような
ボタンをつけるのもおすすめ。

One-piece

6-A p.56

[出来上り寸法]

5号　バスト95.2cm／袖丈55.5cm／着丈105.8cm
7号　バスト99.2cm／袖丈56cm／着丈106cm
9号　バスト103.4cm／袖丈56.5cm／着丈106.1cm
11号　バスト107.2cm／袖丈57cm／着丈106.3cm
13号　バスト111.2cm／袖丈57.6cm／着丈106.4cm
15号　バスト111.6cm／袖丈59.3cm／着丈106.6cm

※袖丈は、ここではネックポイントから袖口までの長さです。

[材料]

表布（リネンコットンの混紡）：150cm幅2.3m
（布幅140cmより小さい布幅の場合は、
パターンの6-Bはぎ位置ではいでください）
接着芯：90cm幅20cm
スプリングホック：1組み

[パターン]

◎Lesson 6 前　◎Lesson 6 後ろ　◎Lesson 6 前衿ぐり見返し
◎Lesson 6-A 後ろ衿ぐり見返し
◎Lesson 6 スラッシュあき見返し（大）
◎Lesson 6 スラッシュあき見返し（小）

[準備] 6-Basic → p.54

・前後衿ぐり見返しに接着芯をはる。
・前後の肩と脇にジグザグミシンをかける。

裁合せ図

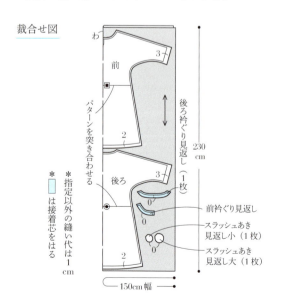

出来上り図

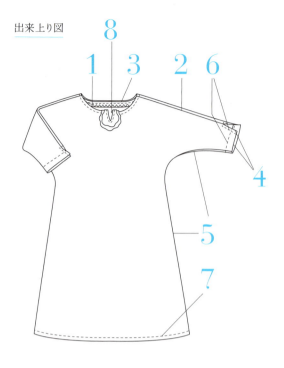

1

衿ぐり見返しの肩を縫う。

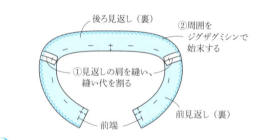

2

身頃の肩を縫う。

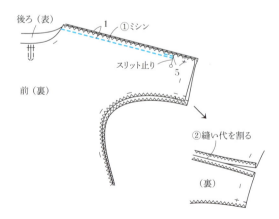

3
前中心に花びらスラッシュあきを作り →p.73
見返しで衿ぐりの始末をする。

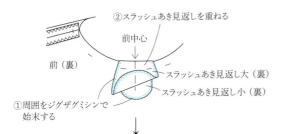

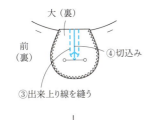

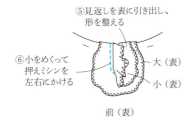

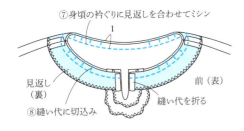

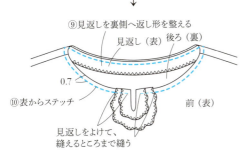

4
袖口に三つ折りアイロンをかけ、スリットの始末をする。

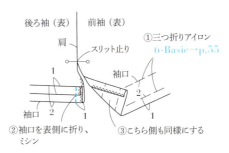

5
6-Basic→p.55

6
袖口の始末をする。

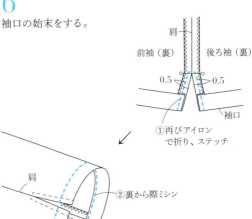

7
裾の始末をする。

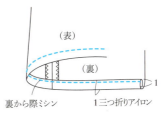

8
前あきにスプリングホックをつける。

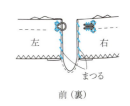

One-piece

6-B

→ p.62

白いリネンのベースに、
白いレースの飾り布。
コットンレースの美しさが際立つ組合せ。
この飾り布は
前後の衿ぐりの始末を兼ねた表見返し。
脇に縫いつけたひもを結んで。

6-B p.60

［出来上り寸法］

5号　バスト95.2cm／袖丈55.5cm／着丈99.8cm
7号　バスト99.2cm／袖丈56cm／着丈100cm
9号　バスト103.4cm／袖丈56.5cm／着丈100.1cm
11号　バスト107.2cm／袖丈57cm／着丈100.3cm
13号　バスト111.2cm／袖丈57.6cm／着丈100.4cm
15号　バスト111.6cm／袖丈59.3cm／着丈100.6cm

※袖丈は、ここではネックポイントから袖口までの長さです。

［材料］

表布（リネン）：110cm幅3.5m
別布（レース）：110cm幅1.2m
接着芯：90cm幅10cm
伸止めテープ：1.5cm幅1m
ボタン：直径13mm1個
市販のループ：直径1.3cm1個

［パターン］

◎Lesson 6 前　◎Lesson 6 後ろ
◎Lesson 6 前飾り布
◎Lesson 6 後ろ飾り布
◎Lesson 6 カフス

※前後身頃のはぎ位置でパターンを切り、裁合せ図を参考に1cmの縫い代をつけて裁断します。また、布幅によっては、はぎなしで作ってもいいでしょう。

［準備］

・前後脇布の肩と脇にジグザグミシンをかける。
・前後飾り布、前後身頃の肩にジグザグミシンをかける。
・カフスに接着芯、前後衿ぐりに伸止めテープをはる。

＊ は接着芯をはる
＊指定以外の縫い代は1cm

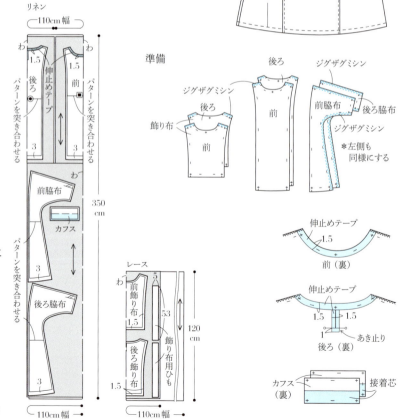

1
前後それぞれに脇布をつけ、肩を縫う。

3
飾り布をつけ、衿ぐりの始末をする。

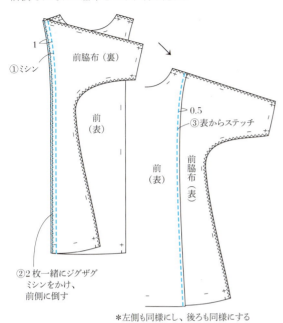

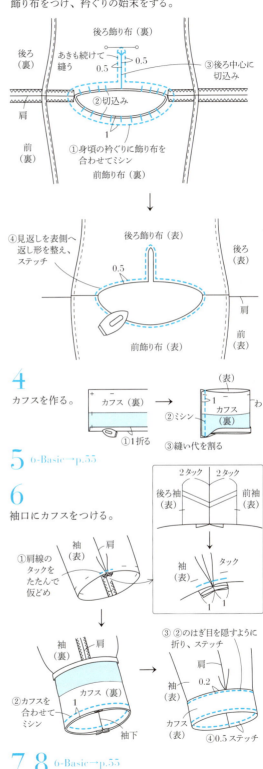

2
飾り布を作る。

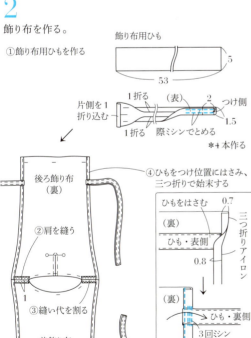

4
カフスを作る。

5 6-Basic→p.55

6
袖口にカフスをつける。

7 8 6-Basic→p.55

Lesson 7

3面構成の立体的なフォルム

一見ストレートなシルエットも、脇布をはめ込み、ウエストをさり気なく絞った立体的なパターン。
すっきり見える人気のボートネック。
浮いてしまいがちな衿もとを落ち着かせる縫い方をマスター。

One-piece

7 - Basic

→ p.66

インテリアに使うような、
どっしりしたリネンで
フォルムのきれいな
ひざ上丈のワンピースに。
ボートネックは、
後ろはバイアス布で始末、
前は幅を広めにとった
裁出し見返しですっきり。

Lesson 7 - Basic p.64

[出来上り寸法]

5号　バスト81.2cm／袖丈42cm／着丈90.5cm
7号　バスト84.5cm／袖丈42.2cm／着丈90.7cm
9号　バスト87.9cm／袖丈42.4cm／着丈90.9cm
11号　バスト91.3cm／袖丈42.6cm／着丈91.1cm
13号　バスト94.6cm／袖丈42.8cm／着丈91.3cm
15号　バスト98.7cm／袖丈43.1cm／着丈91.5cm

[材料]

表布（リネン）：150cm幅1.8m
（110cm幅の場合は2.2m）

[パターン]

◎Lesson 7 前　◎Lesson 7 後ろ　◎Lesson 7 袖
◎Lesson 7 脇布

[準備]

・前見返しの端にジグザグミシンをかける。
・前後身頃、脇布の切替えにジグザグミシンをかける。
・袖下にジグザグミシンをかける。

出来上り図

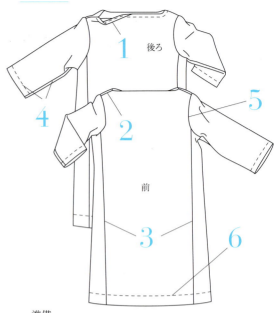

準備

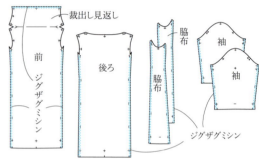

裁合せ図

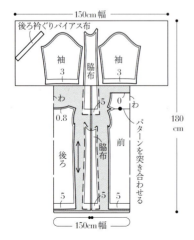

＊指定以外の縫い代は1cm

1
後ろ衿ぐりをバイアス布で始末する。→p.72

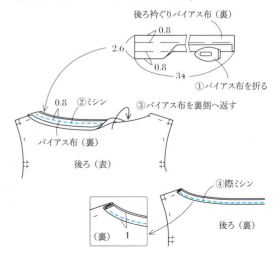

2
肩を縫う。

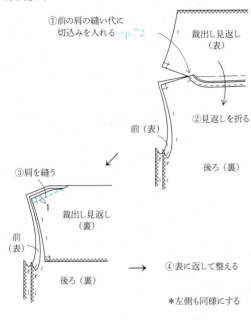

3
脇布をつける。

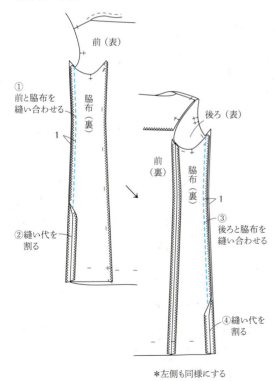

4
袖を作る。

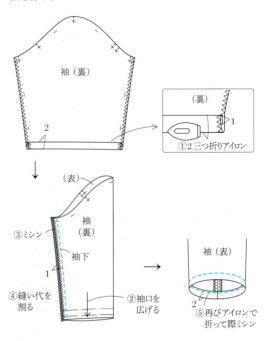

5
袖をつける。

6
裾の始末をする。

7-A

→ p.70

着丈、袖丈を短くしてブラウスに。
幅広の裁出し見返しに
スリットを入れて、
ウイングカラー風に応用。
涼しそうなコットンレースで。

Blouse

One-piece

7-B

→ p.83

胸もとの飾り布のように見えるのは、
裁出し見返し。
表側に折ってアクセントに。
裾でフレアを出した
脇布のパターン。
ダークな色調がクールに見える、
コルトレイクリネンで。

7-A p.68

[出来上り寸法]

5号　バスト81.2cm／袖丈14cm／着丈53.5cm
7号　バスト84.5cm／袖丈14.2cm／着丈53.7cm
9号　バスト87.9cm／袖丈14.4cm／着丈53.9cm
11号　バスト91.3cm／袖丈14.6cm／着丈54.1cm
13号　バスト94.6cm／袖丈14.8cm／着丈54.3cm
15号　バスト98.7cm／袖丈15.1cm／着丈54.5cm

[材料]

表布（コットンレース）：112cm幅1.5m
市販のバイアステープ：両折れタイプ12.7mm幅40cm
伸止めテープ：2cm幅10cm

[パターン]

◎Lesson 7前　◎Lesson 7後ろ　◎Lesson 7袖
◎Lesson 7脇布

[準備]

・前後身頃、脇布の切替えにジグザグミシンをかける。
・袖下にジグザグミシンをかける。

出来上り図

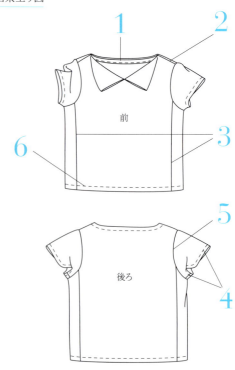

裁合せ図

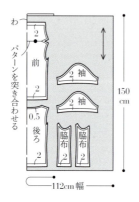

＊指定以外の縫い代は1cm

準備

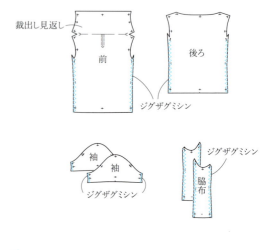

1

後ろ衿ぐりをバイアステープで始末する。→p.72

2
前中心にスリットを作り、肩を縫う。

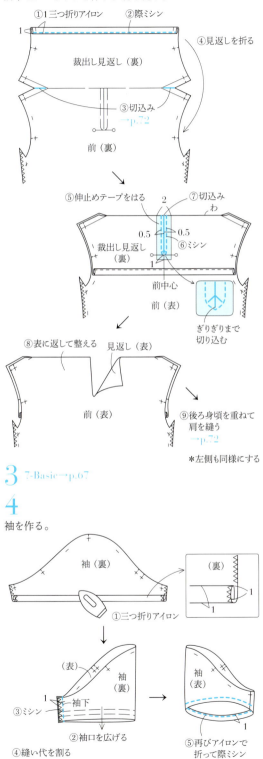

3 7-Basic→p.67

4
袖を作る。

5
袖をつける。

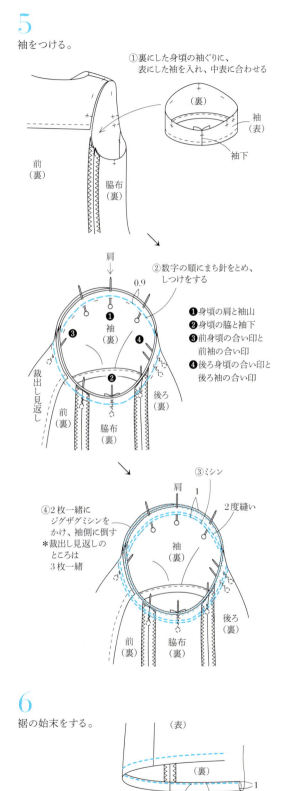

6
裾の始末をする。

写真でわかる部分縫い

見ただけではわかりにくい縫い方も、仕組みを理解してとりかかれば、案外簡単。今までよりずっと能率的できれいに仕上がる方法を紹介します。

ボートネック（作品 7-Basic、7-A、7-B）
前身頃は見返しを身頃と続けて裁ち、表側に返して飾りにしたデザイン。前後の肩の縫合せにひと工夫が。

1　後ろ身頃の表衿ぐりにバイアステープを添わせ、ミシン。

2　バイアステープを裏側に返し、端ミシン。後ろ衿ぐりの始末完了。

3　前身頃は見返しを続けて裁ち、肩の縫い代に出来上り線を書き込んでおく。

4　縫い代の際まで写真のように切込みを入れる。

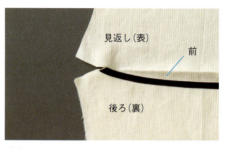

5　前身頃の裁出し見返しを広げて、前後の肩を中表に合わせる。

6　○の角に、後ろ肩の角がしっかり入るようにはさみ込み、肩にミシン。

7　表に返して出来上り。

コサージュみたいなスラッシュあき（作品 6-A）

スラッシュあきの見返し布を、コサージュの花びらに見立てて表に引き出します。周囲のジグザグミシンの糸色を変えてアクセントにしても。

1　見返し布大小の周囲にそれぞれジグザグミシンをかける。

5　中心に際まで切込みを入れる。

2　身頃裏の出来上り位置に、小の見返し布を置く。

6　大小の見返し布を表に引き出す。

3　その上に大の見返し布を重ねる。

7　アイロンで整える。このとき見返し布の周囲を伸ばしぎみにするとコサージュらしくなる。

4　出来上り線にミシン。

8　小の花びらをめくって押えミシンを左右にかける。

9　出来上り。

務歯見せファスナーのつけ方 (作品1-Basic)

いつもは見えないようにするのがファスナーの上手なつけ方ですが、ファスナーがアクセントになるように窓をあけてすっきり仕立てます。

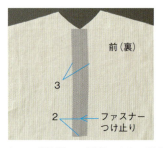

1 ファスナーつけ位置に、写真のように接着芯をはる。

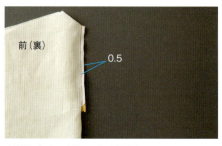

5 身頃を中表に折り、左身頃側のファスナーにミシン。

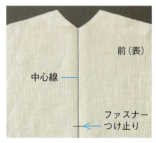

2 表側に中心線をしるす。

6 ファスナーをつけた裏側。

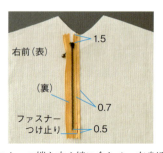

3 ファスナーの端を中心線に合わせ、右身頃側につけ止りまでミシン。

7 表側。

4 中心線にはさみを入れ、先端は図のように三角に切込みを入れる。

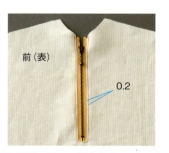

8 三角布は裏側に折って形を整えて、ファスナーを開いて周囲にステッチ。出来上り。

衿作り、衿つけ（作品4-Basic）

衿ぐりの縫い代を表裏の衿ではさんでつける方法。きれいに仕上げるコツは、パターンを写す、裁断、ミシンかけ、を正確にすること。

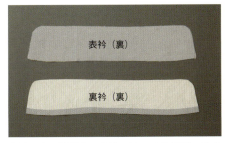

1 表衿の裏に接着芯、裏衿の衿つけ位置裏に伸止めテープをはる。

5 裏衿と身頃が中表になるように、衿つけ止りと衿の端を合わせて前中心側からまち針をとめる。

2 衿を中表に合わせ、周囲の出来上りにミシン。つけ側は1cm縫い残す。

6 ミシン。

3 周囲の縫い代は割り、表衿のつけ側縫い代は出来上りにアイロンで折る。

7 表衿で縫い代をくるむようにして整え、ミシン。

4 表に返し、裏衿を0.1cmくらい控えてアイロンで整える。

8 出来上り。

Vネックの見返し処理
シャープに仕上げるコツを中心がわの縫い方と、縫い目のあるときをそれぞれ紹介。

ダーツ
(作品 4-Basic、4-A、4-B)
脇線とウエストラインの交点からバストポイントに向かってとるダーツ。縫い代を正確につけることが大切。

○中心がわ(作品 5-Basic、5-B)　　○中心が縫い目(5-A)

1 身頃と見返しを中表に合わせ、出来上り線を縫う。

出来上り線の角まで

1 中表に合わせ、縫い代分を縫い残して中心を縫う。

1 実物大パターンの15号サイズの縫い代線を参考にして縫い代をつける。

2 Vの先端に糸を切らないように注意しながら切込みを入れる。

(裏)

2 身頃と見返しを中表に合わせ、出来上り線を縫う。

2 ダーツの中央で中表に折り、出来上り線にまち針を打つ。

3 先端まで縫い代を割る。

3 見返しに切込みを入れる。

3 ミシン。先端が鋭角になるように縫う。

4 糸を裏側に引き出し、結ぶ。

4 表に返しアイロンで整え、表からステッチをかける。

4 先端まで縫い代を割る。表に返しアイロンで整え、表からステッチをかける。

5 糸端を針に通しダーツの内側に引き入れる。

3-D 3-E p.29

[出来上り寸法]

5号　バスト97cm／着丈45.4cm
7号　バスト101cm／着丈45.4cm
9号　バスト105cm／着丈45.4cm
11号　バスト109cm／着丈45.4cm
13号　バスト113cm／着丈45.4cm
15号　バスト117.8cm／着丈45.4cm

[材料]

3-D
表布（リネン）：150cm幅1.2m
（110cm幅の場合も1.2m）
ゴムテープ：1.5cm幅 適宜
市販のループ：1cm2個

3-E
表布（リネンワッフル）：150cm幅1.2m
（110cm幅の場合も1.2m）
ゴムテープ：1.5cm幅 適宜

[パターン]
◎Lesson 3 前　◎Lesson 3 後ろ

出来上り図

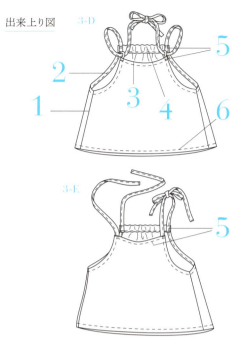

準備

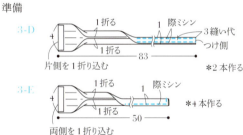

裁合せ図

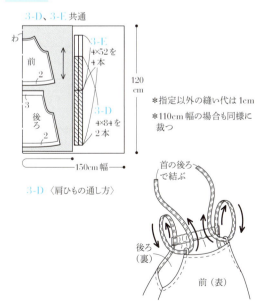

前衿ぐりを縫い、前後身頃に肩ひもをつける。

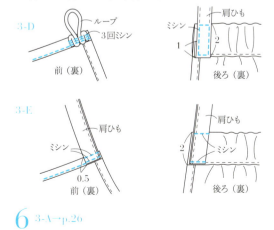

77

1-B p.9

[出来上り寸法]

5号　バスト113.4cm／袖丈15.3cm／着丈102.2cm
7号　バスト117.4cm／袖丈15.6cm／着丈102.4cm
9号　バスト121.4cm／袖丈15.9cm／着丈102.6cm
11号　バスト125.4cm／袖丈16.2cm／着丈102.8cm
13号　バスト129.4cm／袖丈16.5cm／着丈103cm
15号　バスト134.2cm／袖丈16.7cm／着丈103.2cm

[材料]

表布（リネン）：150cm幅2.2m
（110cm幅の場合は2.6m）
接着芯：90cm幅20cm

[パターン]

◎Lesson 1 前　◎Lesson 1 後ろ　◎Lesson 1 ヨーク
◎Lesson 1-B 袖　◎Lesson 1 前あき見返し
◎Lesson 1 結びひも

[準備]

・前あき見返しに接着芯をはり、
　周囲にジグザグミシンをかける。
・前後身頃脇にジグザグミシンをかける。

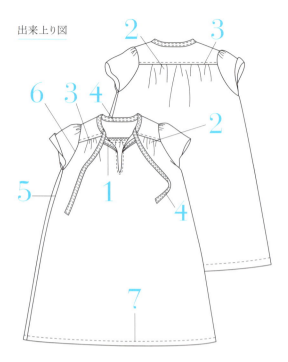

出来上り図

裁合せ図

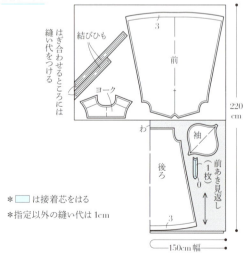

*□は接着芯をはる
*指定以外の縫い代は1cm

準備

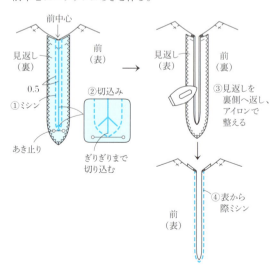

1　前中心にスラッシュあきを作る。

2
前後身頃にギャザーを寄せる。

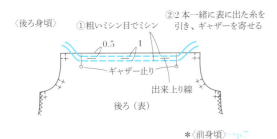

3
前後身頃とヨークを縫い合わせる。

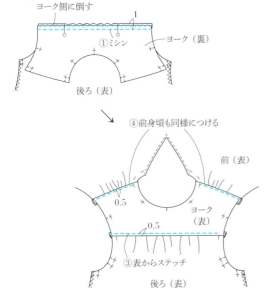

4
結びひもで衿ぐりを始末する。

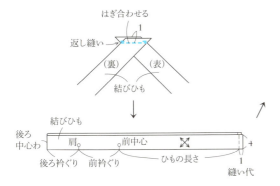

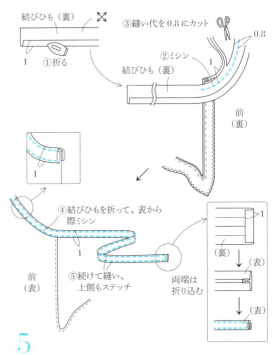

5
脇を縫い、縫い代を割る。

6
袖を作ってつける。

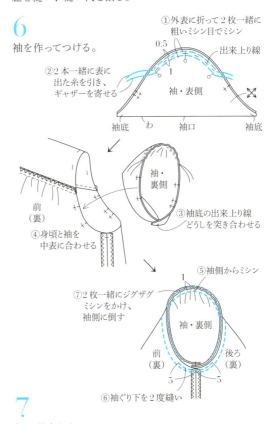

7
裾の始末をする。1-Basic→p.84

2-A p.13

[出来上り寸法]

5号　バスト86cm／着丈87.6cm
7号　バスト90cm／着丈87.8cm
9号　バスト94cm／着丈88cm
11号　バスト98cm／着丈88.2cm
13号　バスト102cm／着丈88.4cm
15号　バスト106.8cm／着丈88.6cm

[材料]

表布（麻レーヨンの混紡）：112cm幅2m
接着芯：90cm幅20cm
市販のバイアステープ：両折れタイプ12.7mm幅2m

[パターン]

◎Lesson 2 前　◎Lesson 2 後ろ　◎Lesson 2-A 後ろ見返し

[準備]

・後ろ見返しに接着芯をはり、
　周囲にジグザグミシンをかける。
・前後の脇にジグザグミシンをかける。

出来上り図

裁合せ図

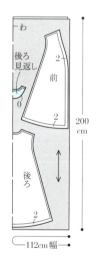

＊☐は接着芯をはる
＊指定以外の縫い代は1cm

準備

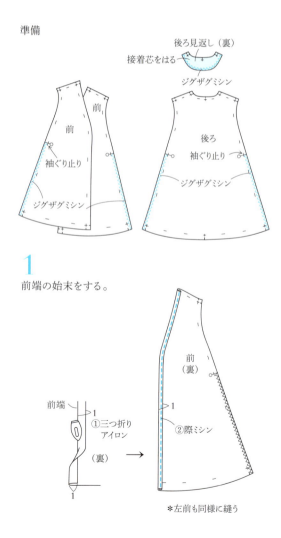

1　前端の始末をする。

＊左前も同様に縫う

2
後ろ見返しをつける。

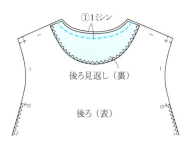

3
肩を縫い、見返しをステッチでとめる。

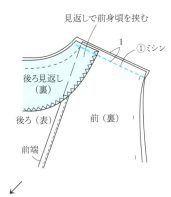

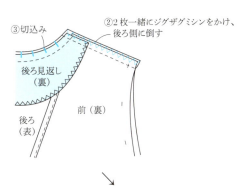

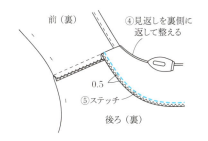

4
袖ぐりにバイアステープをつける。

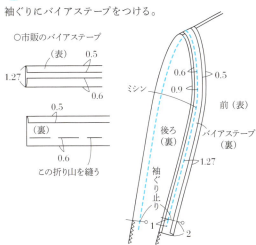

5
脇を縫い、袖ぐりの始末をする。

6
裾の始末をする。

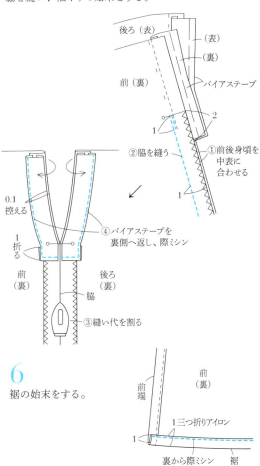

5-B p.49

[出来上り寸法]

5号　ウエスト85.2cm／着丈101.5cm
7号　ウエスト89.2cm／着丈101.7cm
9号　ウエスト93.2cm／着丈101.9cm
11号　ウエスト97.2cm／着丈102.1cm
13号　ウエスト101.2cm／着丈102.3cm
15号　ウエスト106cm／着丈102.5cm

[材料]

表布(リバティプリント)：112cm幅2.2m
接着芯：90cm幅70cm

[パターン]

◎Lesson 5 前　◎Lesson 5 後ろ　◎Lesson 5 袖ぐり見返し
◎Lesson 5 前衿ぐり見返し　◎Lesson 5 後ろ衿ぐり見返し

[準備]

・前後衿ぐり見返しと袖ぐり見返しに接着芯をはり、袖ぐり見返しにジグザグミシンをかける。
・前後の肩と脇にジグザグミシンをかける。

出来上り図

裁合せ図

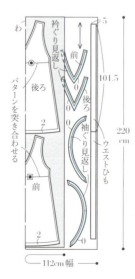

*□は接着芯をはる
*指定以外の縫い代は1cm

1 2 3 5-Basic→p.47

4 ウエストひもを作る。

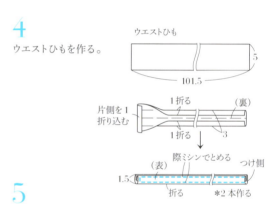

5 脇を縫い、袖ぐりの始末をする。

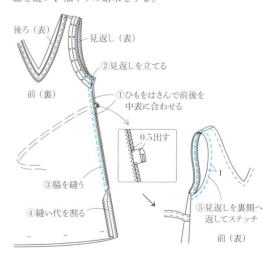

6 裾の始末をする。1-A→p.11

7-B p.69

[出来上り寸法]
5号　バスト81.2cm／袖丈42cm／着丈97.5cm
7号　バスト84.5cm／袖丈42.2cm／着丈97.7cm
9号　バスト87.9cm／袖丈42.4cm／着丈97.9cm
11号　バスト91.3cm／袖丈42.6cm／着丈98.1cm
13号　バスト94.6cm／袖丈42.8cm／着丈98.2cm
15号　バスト98.7cm／袖丈43.1cm／着丈98.7cm

[材料]
表布(リネン)：112cm幅2.9m

[パターン]
◎Lesson 7前　◎Lesson 7後ろ　◎Lesson 7袖
◎Lesson 7脇布

[準備]
・前後身頃、脇布の切替えにジグザグミシンをかける。
・袖下にジグザグミシンをかける。

出来上り図

準備

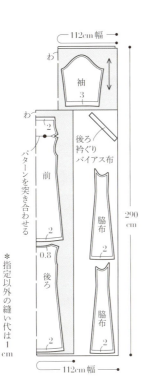

裁合せ図

1　7-Basic→p.66

2　肩を縫う。

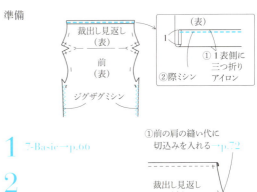

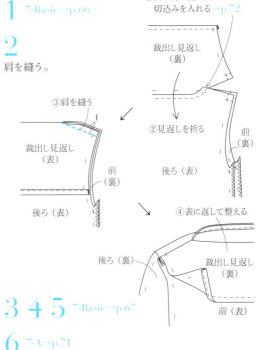

3 4 5　7-Basic→p.67
6　7-A→p.71

p.7 からの続き

7 カフスをつける。

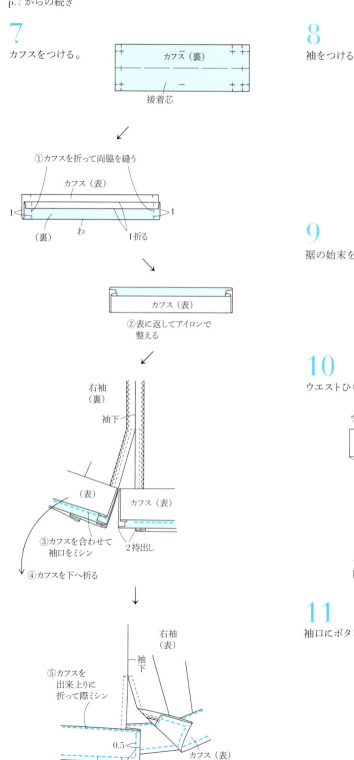

8 袖をつける。

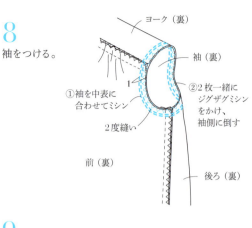

9 裾の始末をする。

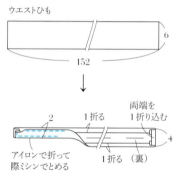

10 ウエストひもを作る。

11 袖口にボタンホールをあけボタンをつける。

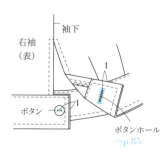

→p.85

〈ボタンホールとボタンつけ〉

ボタンホールの大きさ

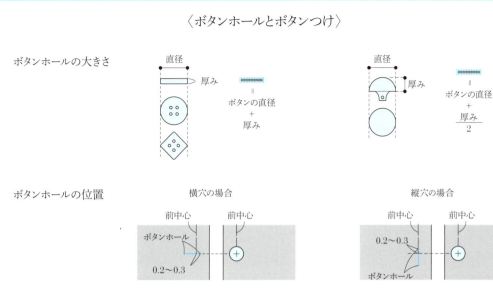

ボタンホールの位置

ボタンホールの作り方 　ボタンホールは、ミシンについているボタンホール機能を使って正しい位置にミシンをかけ、中央をリッパーで切ります。切りすぎないようにボタンホールの両端をピンでとめておくといいでしょう。服にボタンホールを作る前に、端布で試します。
　また、専門店などでボタンホールを受け付けているところもあります。価格や出来上り時間など、お店によって違いますので調べてから依頼しましょう。

ボタンつけ

・平ボタン

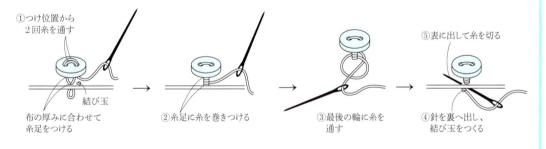

・足つきボタン

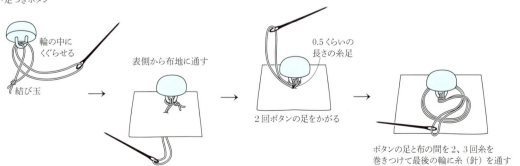

85

p.47 からの続き

5
前パンツのタックをたたんで仮どめミシン。

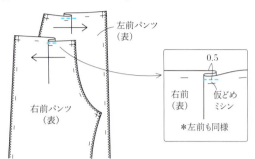

6
前後の股上を縫う。

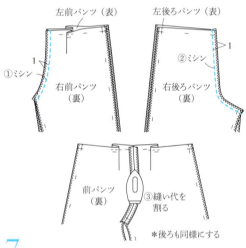

7
パンツの脇を縫う。

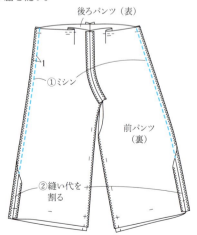

8
パンツの股下を縫う。

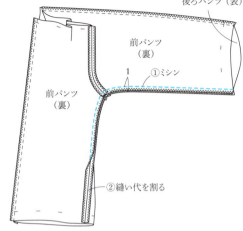

9
パンツと身頃を縫い合わせる。

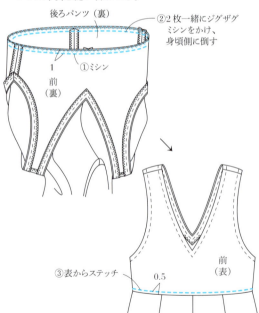

10
裾の始末をする。

〈バイアス布とバイアステープ〉

バイアス布とは…… 布はたて糸とよこ糸で織られていて、それに対して斜めの角度がバイアスで、45度の角度をとったものを正バイアスといいます。
バイアスはしなやかなので、柔らかな布の表情を出すことができます。
布端がほつれにくいのもバイアスの特徴です。

バイアス布の裁ち方 （正バイアスの裁ち方）

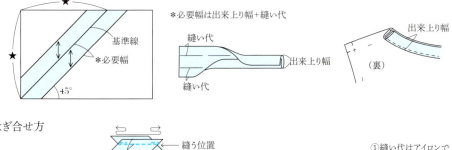

はぎ合せ方

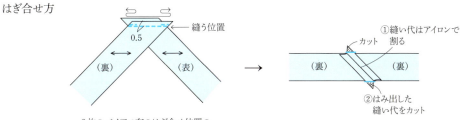

両折りテープが上手に早く作れる「テープメーカー」

両折りテープが上手に、手早く作れる市販の「テープメーカー」を使うのも、おすすめ。
裁断したテープ状の布を「テープメーカー」に通すと、布端が両折りに折られて出てくるのでアイロンで折り目をつけます。

市販のバイアステープ

バイアステープには、様々な素材（綿、ポリエステル、キュプラ、綿とポリエステルの混紡、ニット、麻など）のものがあります。
衿ぐりや袖ぐりの始末に使う、両折れタイプは幅12mm、12.7mmが一般的です。他に18mm、20mm、45mmなどもあります。
また縁とりに使う、縁とりタイプもあるので、タイプによって使い分けるといいでしょう。

市販のバイアステープの表記は 「両折れバイアステープ 00mm」

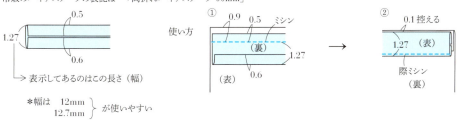

＊幅は 12mm / 12.7mm が使いやすい

＊このタイプは、衿ぐり、袖ぐりの始末をするときに使用

香田あおい

京都市生れ。京都市在住。
アパレルメーカー（デザイン・パターン）勤務を経てフリーランスに。2006年に洋服、バッグ、生活雑貨などをリネン素材中心に作るソーイング教室「LaLa Sewing」を設立。アパレルの合理的な縫製技術と独自のアイディアにより、簡単で楽しいソーイングを伝授している。教室名になっている「LaLa」は、愛犬の名前から。2013年ソーイング教室にファブリックショップを併設している「LaLa Sewing et Kiyasu」をオープン、2015年からイギリスのブランド、MERCHANT & MILLSの洋裁用具や布地も扱うようになった。著書に『ソーイングはじめましょ。好きな布地で好きな服』『ソーイングはじめましょ。パターンが決めての服作り』『ソーイングはじめましょ。セレモニー服のシンプルレシピ』『おしゃれなのに簡単な7つのソーイングテクニックで　リネンの服　ウールの服』『作りたいのは　すっきり見える服』『香田あおいのパターンレッスン 春夏の服』『香田あおいのパターンレッスン 秋冬の服』（すべて文化出版局）がある。

ブックデザイン	編集協力、デジタルトレース
渡部浩美	しかのるーむ
撮影	パターングレーディング
有賀 傑	上野和博
スタイリング	パターン配置
串尾広枝	近藤博子
ヘア＆メークアップ	作品製作協力
上川タカエ（mod's hair）	田中芳美　アトリエユーバン
モデル	校閲
藤井さこ	向井雅子　久松悠子
	編集
	宮﨑由紀子（文化出版局）

基本は7つのワンピース
シンプルパターンのきれいスタイル

2016年4月24日　第1刷発行

著　者　　香田あおい
発行者　　大沼 淳
発行所　　学校法人文化学園 文化出版局
　　　　　〒151-8524 東京都渋谷区代々木3-22-1
　　　　　tel.03-3299-2460（編集）　tel.03-3299-2540（営業）

印刷・製本所　　株式会社文化カラー印刷

©Aoi Koda 2016 Printed in Japan
本書の写真、カット及び内容の無断転載を禁じます。

・本書のコピー、スキャン、デジタル化等の無断複製は
　著作権法上での例外を除き、禁じられています。
　本書を代行業者等の第三者に依頼してスキャンやデジタル化することは、
　たとえ個人や家庭内での利用でも著作権法違反になります。
・本書で紹介した作品の全部または一部を商品化、複製頒布、
　及びコンクールなどの応募作品として出品することは禁じられています。
・撮影状況や印刷により、作品の色は実物と多少異なる場合があります。ご了承ください。

文化出版局のホームページ　http://books.bunka.ac.jp/

提供
布地のお店 ソールパーノ
http://www.rakuten.co.jp/solpano/
作品：2-A、4-B、7-A

服地屋Dilla ☎03-3299-2064
作品：Lesson5-Basic

丸十 ☎092-281-1286
http://www.maru10.jp
作品：2-C、3-B、Lesson6-Basic、6-B、7-B

LaLa Sewing et Kiyasu ☎075-708-2682
http://www.lalasewing.com
作品：Lesson1-Basic

the linen bird（リネンバード）☎03-5797-5517
http://www.linenbird.com/
作品：1-B、Lesson2-Basic、2-B Lesson3-Basic、3-A、3-C、3-D、3-E
　　　5-A、カバー、Lesson4-Basic、6-A、Lesson7-Basic

リバティジャパン ☎03-3563-0891
http://www.liberty-japan.co.jp/
作品：1-A、4-A、5-B

協力
岩久 ☎03-5791-2135
3-C、5-B、6-B、7-Bのサンダル／3-Dのパンツ

ケチャップ ☎078-391-6647
Lesson1-Basic、Lesson2-Basic、3-Dの帽子（イタリアン ハット カンパニー）
カバー、3-A、Lesson4-Basic、Lesson7-Basicの帽子（ビーミリナー＆エム）
6-Aのピアス（カーラ シャーベルト）／Lesson7-Basicのネックレス（ゴールド ミス）

サラウェア 自由が丘店 ☎03-5731-2741
Lesson2-Basic、Lesson5-Basicのカットソー／5-Aのリネンシャツ

タイドウェイ／サンキ ☎03-6427-2492
1-A、6-B、7-Bのバッグ／2-Cのサンダル／2-Cのバッグ（アースメイド）

ヒューマンウーマン ☎03-6748-0350
1-A、2-C、3-A、3-Bのパンツ／2-Aのブラウス
3-Bのスカーフ／3-Cのニット／Lesson6-Basicのサンダル

フォグリネンワーク ☎03-5432-5610
2-Aのネックレス／Lesson3-Basicの頭に巻いたショール
Lesson5-Basic、7-Aのブレスレットとリネンパンツ

プリュス バイ ショセ ☎03-3716-2983
Lesson1-Basic、Lesson2-Basic、Lesson4-Basic、4-A、6-A、
Lesson7-Basicの靴（以上chausser）／4-Bの靴（plus by chausser）

マッハ55リミテッド ☎03-5413-5530
3-Cの帽子（ヴィラージュ・ドゥ・ソア）、4-Bのバッグ（ラック・ブロン）
Lesson5-Basicのサンダル（トレイシー ニュールズ）
5-Aのかごバッグ（マチャコス）

＊掲載した商品は、時期によっては完売する場合があります。ご了承ください。